喜憨兒的可愛繪日記，
幸福也可以這麼簡單！

今天也要認真過憨慢生活

財團法人喜憨兒社會福利基金會 著

序言　哪裡有愛，那裡就有歡笑！

光陰荏苒，猶記女兒怡佳誕生後，到處尋訪名醫，最後到台大醫院才診斷出腦性麻痺，之後每週一次高雄、台北往返的復健，讓我體驗到什麼是無助，什麼是苦難。1991 年，怡佳 14 歲時，我心臟二尖瓣狹窄手術後，家人帶她到長庚醫院看我，她蹣跚地走到病床前為我唱了：「世上只有爸爸好，有爸的孩子是塊寶……」才點醒了我，這樣的孩子也有他們的才能，不能任意放棄！

「當你面對一位這樣的孩子，那是一場夢魘，那是一個災難；當你面對一群這樣的孩子，那是一項使命，那是一番事業。」我無怨無悔地選擇了照顧一群孩子。於是在 1995 年成立了「喜憨兒基金會」，創立烘焙屋讓憨兒們自力更生，開創生命的價值，也回歸社會主流。

接著而來的喜憨兒樂團、劇團、童軍團、憨喜農場、天鵝堡，都是為了達成基金會使命中為憨兒開創生命的尊嚴與喜悅而建構的。同時我們也讓喜憨兒們認真地參與「狀元計畫」，至今他們考取的證照已達百張，而且工作的工場也都通過 ISO-22000 及 HACCP 雙認證，增強大家工作的信心與品質的保證。

24 年前，我曾自詡是喜憨兒永遠的車夫，我要帶著他們上山下海，如今我年近古稀，我的承諾從未改變，我的初衷與我同在，我知道那就是「愛」！愛是奉獻、愛是無私、愛是信心、愛是希望、愛是歡笑！暮光中我看到透徹的愛，那是每位喜憨兒臉上展露出的微笑。

「喜憨兒社會福利基金會」執行董事
蘇國禎
2018.08

  一起了解喜憨兒基金會的故事

3

目錄

序言　哪裡有愛，那裡就有歡笑！ ⋯⋯⋯⋯⋯ 002
前言　喜憨兒的一日生活 ⋯⋯⋯⋯⋯⋯ 006

Part 1　Follow me！跟著憨兒大挑戰

什麼蛋糕好吃呢？ ⋯⋯⋯⋯⋯ 012
喜憨兒也賣樣品屋？！ ⋯⋯⋯⋯⋯ 015
為什麼客人不喝湯？ ⋯⋯⋯⋯⋯ 018
不多不少，剛剛好 ⋯⋯⋯⋯⋯ 021
發錢的人來了 ⋯⋯⋯⋯⋯ 024
圍裙不能濕掉喔！ ⋯⋯⋯⋯⋯ 027
老師，它一直跑啦！ ⋯⋯⋯⋯⋯ 030
有時候不會找錯錢 ⋯⋯⋯⋯⋯ 033

Part 2　Smile Together！用笑聲填滿生活

我是大明星 ⋯⋯⋯⋯⋯ 038
好周到 ⋯⋯⋯⋯⋯ 041
水桶還是郵筒？ ⋯⋯⋯⋯⋯ 044
冰箱包的粽子？！ ⋯⋯⋯⋯⋯ 047
明天星期幾？ ⋯⋯⋯⋯⋯ 050
指針快點合起來 ⋯⋯⋯⋯⋯ 053
要不要一起去？ ⋯⋯⋯⋯⋯ 056
拔雜草，我最厲害！ ⋯⋯⋯⋯⋯ 059

Part 3　Let's Go！用愛接駁向前走

老師，你不熱嗎？ ⋯⋯⋯⋯⋯ 064
都是悠遊卡的錯 ⋯⋯⋯⋯⋯ 067
停不進去好可憐 ⋯⋯⋯⋯⋯ 070

老師，我保護你！ …………………… 073

好想要買計程車 …………………… 076

悠遊卡也要冰？！ …………………… 079

咦，我有拉好啊！ …………………… 082

老師是飛毛腿 …………………… 085

Part 4　**Dreams Come True！夢想萬花筒**

我的生日願望 …………………… 090

鉛筆盒要裝什麼？ …………………… 093

擦子還是叉子？ …………………… 096

請你大聲「叫」 …………………… 099

畫得不夠圓 …………………… 102

把「衣服」穿好 …………………… 105

老師你好棒！ …………………… 108

什麼歌？阿兵哥！ …………………… 111

Part 5　**Happy Day！健康快樂每一天**

果然是高手 …………………… 116

誰的臉最圓？ …………………… 119

一天吃幾次？ …………………… 122

我的眼睛有「反光」 …………………… 125

把「體重」借我 …………………… 128

一起來運動 …………………… 131

洗衣機轉轉轉 …………………… 134

冰水不想給我喝 …………………… 137

後記　喜憨兒基金會的美好使命 …………………… 140

前言 喜憨兒的一日生活

基金會的憨兒因為年齡、適性與障礙程度不同，各自在不同的據點接受服務，也學習服務他人。這些據點包括社區化作業設施、庇護餐廳、庇護工場及照顧體系，前三者都包括工作訓練的部分，至於照顧體系，則專門為年紀較長與障礙程度較重的憨兒服務。接著，就帶大家來看看，在不同據點內接受服務的憨兒，是如何利用一天的時間。

社區化作業設施的每日服務規劃

憨兒們早上 8 點半準時打卡囉！先由老師幫忙測量體溫，將私人物品放置好後，再了解當日有什麼樣的活動內容。接著，老師帶領大家活動筋骨，20 分鐘的晨間律動時間，幫助大家抖擻精神，就能正式進入作業活動；作業包括代工、園藝或門市服務訓練，十分充實。而午後則安排了能增進大家身心健康的相關活動，從衛教團課、復健活動、體適能訓練到休閒活動皆有，憨兒們也都很珍惜這段時光呢！

社區化作業設施時間表

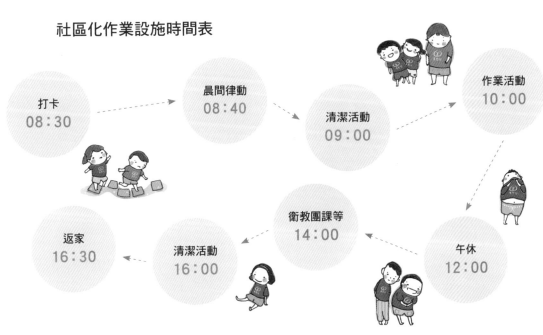

打卡
08：30

晨間律動
08：40

清潔活動
09：00

作業活動
10：00

衛教團課等
14：00

返家
16：30

清潔活動
16：00

午休
12：00

庇護餐廳與庇護工場的時間安排

相信大家對喜憨兒餐廳都不陌生，而工場生產的餅乾、月餅等也頗受好評，這些都是憨兒一步一腳印，耐心接受訓練後，才能展現的成果。在庇護餐廳和工場裡，早班同事打卡後，都需要先量體溫，穿上工作裝束，處處為消費者的食安著想，也為憨兒的健康把關。

接著，緊鑼密鼓地開啟忙碌的一天。餐廳人員忙著開店前的準備，從食材到冷藏展示櫃鋪冰等，所有細項都要仔細確認；而工場這邊則是進入生產作業的執行。餐廳人員會在中午 12 點開始門市服務，憨兒服務員總是面帶笑容，希望給大家最貼心的款待。用餐時段結束，環境清潔也不可少，而且為了晚上的客人，這時也要開始準備晚餐食材，憨兒的工作日相當忙碌而充實。

庇護餐廳時間表

早班打卡
09：30

開店前
準備
09：40

工作人員
用餐
11：30

門市服務
12：00

返家
16：00

環境清潔、
準備晚餐食材
14：00

社工老師在做什麼呢？

相信讀者會好奇，社工老師的一天又是如何安排呢？因為憨兒們總是忙著學習各種新事物，社工老師自然扮演十分關鍵的角色。其實，社工老師主要會依障礙者的需求不同，給予各種即時的支持，也進行職業重建與專屬輔具的研討，例如，幫助憨兒媒合工作、協助練習餐點名稱發音、提供紙本輔具幫助理解與記憶等。因此，社工老師的一日生活是圍繞著憨兒的需求而定，可以說是「量身訂做」的最佳後盾。

對社工老師來說，指導憨兒固然事情繁雜而瑣碎，但是，能看見憨兒努力學習的堅毅眼神、臉上的開朗笑容，以及聽見純真的「憨言憨語」，辛苦的付出也就值得了。像這樣緊密的互相陪伴，相信彼此都度過一段溫暖而幸福的時光。

Part 1
Follow me！跟著憨兒大挑戰

一瓢麵粉、一匙糖，
揉捏出生命的筋度，
充滿麵包香氣的每一天。

什麼蛋糕好吃呢?

阿成今年 30 歲,患有輕度智能障礙。有著碩大身影與開朗笑容的他,夢想是要開一間蛋糕店,這樣就能盡情地大啖甜點。阿成對西點口味鑽研頗深,加上具有說服力的體型,在他的推薦下,什麼東西都變得美味無比。

儘管有這樣的先天「優勢」,老師還是希望阿成學習每項產品的介紹話術,而不僅僅停留在「好吃」這種簡單詞彙。為了能完整傳達喜憨兒蛋糕的美味,自然少不了試吃的環節,而認真的阿成也花時間剪下蛋糕 DM、親手黏貼,並記錄各種口味與心得,製作了一本武功祕笈。多次練習後,阿成終於要上工囉!

「歡迎光臨!」阿成迎接的第一位客人就是要買蛋糕。這時,老師在一旁寫報告,假裝沒有盯著他看,也沒有要出手幫忙的意思。還好阿成挺有骨氣的,雖然有些緊張,依然準備開始服務客人。

冷不防地，這位客人開口說：「請推薦我好吃的蛋糕。這一款是什麼口味？好吃嗎？」

阿成很有自信地回答：「是栗子蛋糕喔，好吃！」然後，又指著隔壁的草莓蛋糕說：「這個也好吃！泡芙也好吃！巧克力也好吃！」幾乎每種口味都唱名了一輪，再加強語氣說著：「真的好吃，都好吃！那你要幾個呢？」

面對這位超級推銷員，真摯魅力無法擋，最後客人選購了好幾種蛋糕，阿成也露出心滿意足的微笑。

喜憨兒克服畏懼站上前臺，這份自信是不斷學習、能量累積的展現。從客人的需求、產品介紹到結帳等，櫃臺服務的考驗十分多變，但喜憨兒擁有不放棄的毅力，努力面對未知的挑戰。老師也在阿成身上學到，除了訓練，更重要的是那份難得的熱忱，相信一定能帶著他朝夢想邁進。

喜憨兒也賣樣品屋？!

和許多孩子一樣，喜憨兒喜歡被重視、期待得到老師的信任，所以每次有義賣邀約時，憨兒們總希望自己能被老師點名參與。

每當被賦予責任，憨兒總會表現得更加積極。去年聖誕節，老師特別邀請小杰參加義賣活動。在老師心中，小杰一直是謹慎又負責的孩子，曾擔任小領班的他，主要負責檢核店內所有同事的工作以及盤點，老師希望透過外出義賣的機會，讓小杰可以接觸更多新奇的人事物，讓他在與人互動時更有自信心。

義賣當天，為了配合時節，老師準備了庇護工場生產的聖誕薑餅屋、糖霜蛋糕及五彩繽紛的拐杖餅乾。抵達會場後，大家很有默契地各司其職，老師忙著陳列商品，憨兒們則招呼客人，只有小杰一個人不安地東張西望，看著自己手中的價格與品項牌，顯得不知所措，接著他怯生生地說：「我

也想幫忙，教教我……」

在老師的鼓勵之下，小杰先在一旁靜靜觀察、認真記住每個品項的價格，更加仔細地把紙袋折整齊，最後總算鼓起勇氣，開口介紹自己手作的麵包和餅乾。隨著天色漸漸變暗，小杰越發有熱力，就在老師一個不注意時，他以充滿力量與號召的口吻，對著迎面而來的遊客大聲喊著：「請來試吃哦，喜憨兒樣品屋，請參考一下喔！」

現場哄堂大笑，相信大家都感受到他的熱情與決心，小杰難為情地抓了抓頭，也開朗地綻放笑容。

在這次義賣活動中，小杰獲得盡力付出後的第一次擁抱，以及第一聲感謝。面對客人的讚美與祝福，小杰大口呼吸，似乎仍有些緊張，不過毫無疑問地，這是屬於小杰的重要日子，跨越一步，就是不一樣的明天。

為什麼客人不喝湯？

喜憨兒餐廳裡，總是可以見到憨兒們抱持著勤奮的態度，努力不懈地完成工作，小明就是其中一員。

除了主動與認真，小明也相當活潑，而且上班時使命必達，經常滿場跑。為了記清楚老師交代的事，偶爾他會喋喋不休地碎唸著；遇到喜歡或有趣的朋友，小明也會熱情地拉著他們分享自己的心情，這樣大咧咧的直爽個性，有時卻逗得老師哭笑不得。

小明目前負責義大利麵餐廳的外場工作，這天進來一組家庭客人，每個人都點了不同口味的套餐。其中有位女士在點餐時，忘記取消湯品，當小明把餐點送上桌後，她便不好意思地請小明收回、避免浪費。

小明頓時手足無措，老師見狀，心想這正好是個不錯的機會教育，畢竟服

務客人本來就沒有固定公式。老師請小明試著詢問對方，是否湯品有任何不足的地方。

之後，那位女士悄悄地在小明耳邊說了幾句話，小明笑笑地點了點頭，似乎了然於心，接著大聲喊到：「老師，湯沒有問題，客人說因為在減肥，所以不喝湯啦！」

憨兒的純真性格讓人印象深刻，與這樣的孩子們相處，你可以完全敞開心房，不用花時間拐彎抹角，只需要真心地互相交陪。雖然在培訓憨兒時會發現，因為這種特性，使得他們在職場中有時缺乏委婉表達的空間，除了謝謝大家的包容與體貼，也期許他們不斷進步，肯定每一位憨兒的笑容背後，總藏著別人看不見的努力，每一個小細節都包含了許多用心。

不多不少，剛剛好

小達加入喜憨兒這個大家庭已經半年了，相對於其他外向夥伴的喳喳呼呼，小達顯得安靜許多，有時候甚至會有一點愛理不理的樣子，不曉得該說他固執，或者有些孤僻呢？與同儕處不來這點，總讓輔導老師十分擔心。

老師在與家長連繫過程中，同時也尋求醫療支持，發現原來小達除了智能障礙，也因為部分退化產生輕度聽障。小達有時無法回應他人的叫喚，或是對於聽不清楚的話語，便用自己的想法去解讀，而忘記再次向老師確認，偶爾也會出現多疑的現象，這些都是患有聽障的孩子會出現的狀況。

其實小達十分熱心助人，只是常常忘記自己手上的工作，當老師了解情況後，便調整對他的教學方法。小達的專注力與觀察力，在庇護工場成員中稱得上卓越，複雜的加減乘除也難不倒他。

老師針對這些優點，為他規劃新的工作內容，邀請小達一起研究計量輔具；將指針式的量秤，以色塊標示出合宜的重量，讓不熟悉數字的憨兒夥伴也能輕鬆上手，小達因此成為工場的「包裝小達人」。

喜憨兒基金會的工作同仁在出貨旺季，多少都有到庇護工場幫忙包裝的經驗；畢竟集中出貨對產能有限的憨兒來說，是相當吃力的。

某天在庇護工場，阿華與小達正準備開始包裝餅乾。只見小達熟練地將餅乾裝袋，動作流暢、充滿自信，彷彿變魔術一般，不到半刻鐘的時間，眼前的成品已經堆成一座小山。反觀阿華滿臉疑惑，遲遲不動手，看傻了眼的阿華趕緊拉著小達問：「餅乾到底要裝多少啊？」

這時小達不急不徐地看著夥伴，淡然地說：「不能太多，也不能太少喔。」沒想到看似精明的小達，偶爾也會說出令人莞爾的話呢！

發錢的人來了

許多人對憨兒的第一印象,就是很會做麵包的天使,這也是喜憨兒基金會與一般非營利組織不同之處。

20 多年前,基金會創辦人有感於憨兒們缺少與人群互動的機會,本著「給他魚吃不如教他釣魚」的精神,創辦了憨兒自立的烘焙屋,以商業模式提供障礙者工作訓練的機會。在基金會工作的憨兒,都能賺取符合法令的薪資,不但發揮所長,更能成為家庭的重要支持。

阿秀在基金會工作 5 年了,目前在餐廳裡負責麵包備料,包括煎蛋皮、煮料、切菜等,看似簡單的工作其實需要細膩手感,也因此阿秀接受了很長一段時間的訓練。

她認真跟著師傅的步驟,一步一腳印,現在已經能夠獨當一面,也考取了

丙級烘焙證照。每個月發薪水時，阿秀總拉著老師說：「我很喜歡來上班，可以和朋友一起工作，也可以領到錢，我要把錢都給媽媽，帶媽媽出去玩！」

有一次，基金會董事長特別到餐廳督導服務推動，憨兒們熱情地湧上前去，搶著與董事長分享自己最近又學會什麼。

當董事長走到阿秀面前，原本害羞的女孩忽然間大聲招呼了起來：「你好喔，我知道你是誰，你就是發錢給我們的那個人。我媽媽說，有機會一定要謝謝你！」

一句直接又真誠的告白，幸福就是如此地單純。做對的事，然後耐心期待，你永遠不知道，今天起心動念的善意，明日會讓多少生命變得豐富。每次的裝餡揉粉、每次的包裝上架，都讓憨兒切切實實地往自力更生邁進，一步一步迎向愛與生活的真義。

憨言憨語　圍裙不能濕掉喔！

某個下著雨的星期五，在庇護工場裡，老師準備陪憨兒阿智開始一段新的學習旅程：清洗麵包箱。阿智還不會做麵包，但身為工場的一員，他也想貢獻己力，光是包裝餅乾，已經不能滿足他樂於學習的心。

阿智的主動與積極讓老師深受感動，於是花了許多時間，向阿智分析工場的作業環節，趁機了解阿智的作業意願，同時也讓他明白，要完成一盒美味的餅乾，不單只是靠已考取證照的憨兒學長姊，而是從清潔、備料、包裝到出貨，每個人都是重要的主角。

聽完老師講解後，阿智笑著點點頭，與老師商量要學習清潔的工作，等到完成職務再設計的沙盤推演後，準備上工囉！

這時，只見阿智邊走邊默唸：「刷十下、留意邊角、屁股也要抹十下、沖

一沖後先給老師看。」然後看著老師，彷彿等待認可的眼神，老師笑著催促他：「快一點，麵包箱都堆成山了。」

個性有些固執的阿智，還是不急不徐地拿出自己準備的手套、菜瓜布，以及半桶裝滿稀釋洗碗精的水，那些被人輕視的清潔工作，卻被他當作神聖的儀式。

總算準備完畢，阿智示意要開始行動了，只見他把身上的圍裙也脫掉，老師不解地問道：「阿智，你為什麼把圍裙脫掉？」

阿智一臉正色、認真回答：「老師，我想了很久，這樣圍裙就不會濕掉了喔！」

憨兒們生來的缺憾，讓他們格外珍惜與重視每一次的表現，就是這般單純可愛的執著，讓他們完成獨一無二的生命拼圖，精彩又可敬。

老師，它一直跑啦！

工作的意義不只是維持生計，更重要的是完成每項挑戰時，自我的成就感與他人的肯定。然而，身心健全的人面對工作上的挑戰，難免也會有洩氣無力的挫折感，何況是不擅口語表達且行為遲緩的憨兒。

憨兒受限於心智發展與身體缺憾，在生活之中永不匱乏的，大概便是「挑戰」。即使常人看來易如反掌的簡單事項，對他們而言，都需要不斷地練習再練習；可喜的是，喜憨兒一如其名，是樂在工作的憨直孩子，他們總是專注地完成每一項任務。

在喜憨兒門市，除了烘焙、餐廳與外場客服接待，門市清潔工作也是一項重要的訓練，為了讓孩子們進步，每隔一段時間便會由老師評估後，進行職務調整。

這天小傑被分配到擦電動門的任務，這是他第一次負責這項工作，可是，每當他一靠近門邊，自動門就開啟，退離門邊，便又關了起來，如此來來回回，讓小傑懊惱得快崩潰了，只能大喊：「老師，它一直跑，不讓我擦啦！」

老師見狀，一個箭步關掉自動門的電源，笑著排除障礙後，特地讓小傑學著自己操作一次，小傑才安下心來完成工作，口中還直嚷著：「對嘛，要乖乖聽老師的話喔！」

不論實際年齡多大，喜憨兒們依然保有直接且無心機的特質；平時認真負責，微笑面對生活，偶爾也會不開心而情緒失控、鬧脾氣。

因此，在他們學習的過程中，不論是家長或工作夥伴，除了需要具備無比的耐心，利用正向策略與適當輔具，讓學習過程更順利與具趣味性。最重要的，應該隨時留心憨兒在工作上的適應情形，必要時予以彈性調整，才能幫助憨兒快樂地在工作中表現自我。

有時候不會找錯錢

「沒問題，我可以試試看！」這是小華最常說的一句話。

每當門市有新任務時，例如：菜單改版後的點餐服務、收銀系統更換後的 key 單作業、菜盤擺設內容物更換等，小華總是說出這句話，並且回應得最大聲。

然而，在執行的過程中，因為是全新的嘗試，剛開始免不了經歷失敗與挫折，小華的眉頭自然愈來愈緊皺。但是他不曾因此氣餒、放棄或發脾氣，反而一再練習，努力完成這些任務。

當老師在一旁擔心地詢問需不需要協助，或者要不要休息一下時，小華會毫不猶豫地回答：「沒問題，我可以再試試看！」並聚精會神地繼續努力著。直到成功那一剎那，他才會放鬆緊皺的眉頭、展開燦爛笑容高呼：「我

做到了！」

有一次，小華要接受結帳訓練，老師一步一步帶著他了解收銀機的操作方式，也準備紙卡幫助小華了解各種不同的幣值，紅色是百元鈔、紫色是千元鈔，以及拾圓和伍拾圓該如何換算，這是一個頗大的學習工程（對一般人來說也是如此），經過半年的學習，小華愈來愈有自信了。

之後老師特地關心小華的學習狀況，詢問他：「最近還有找錯錢嗎？」

只見小華拍著胸膛、得意地說：「有時候不會啊！」

當我們遇到沒試過的任務時，可能會猶豫再三或退卻不前；如果嘗試後不幸失敗，甚至可能就此放棄。在小華身上，讓人看見了堅持及自信，不論任何任務，他總是積極面對，即使過程中失敗了，也會樂觀地往前邁進，直到成功為止。小華成功時展現的笑顏，彷彿訴說著：「只要願意嘗試，沒什麼不可以。」

Part 2
Smile Together！
用笑聲填滿生活

大聲唱吧，音符像是小精靈，
輕盈跳躍在活潑的生命裡。

憨言憨語 我是大明星

基金會裡的憨兒就像你我一樣，除了上課、上班，也能參與才藝社團。以喜憨兒劇團來說，或許大家印象中的憨兒肢體表現不佳，理解能力也遠遠落後同齡的孩子，其實他們對「色彩」和「聲音」具備豐富的反應，而且透過律動訓練與光影刺激，也能改善他們注意力不佳與情緒障礙等問題。

每年的正式公演，為他們提供登上舞臺的機會。為了能有好的表現，除了每週的定期團練外，老師也創造機會讓憨兒們盡情展現自我。這一天的表演課中，導演老師要大家自行想像情境小劇場，分別詮釋：喜、怒、哀、樂表情包。

導演同時邀請社工老師一起參加，這才明白原來看似簡單的命題，其實一點都不簡單，因為一般人總愛畫地自限，光是劇情就得想很久。

那麼，憨兒小演員又是如何呢？

負責演出「喜」的小顧，直嚷著：「媽媽帶我去看電影，我好開心。」眉開眼笑地拉著旁邊的同學。擔綱出演「怒」的阿芬則「氣噗噗」地說：「我家狗狗又亂咬拖鞋了！」喜歡足球的小敏真摯地詮釋哀傷情緒，皺著眉頭說：「好難過喔，阿根廷隊輸球了。」淚眼汪汪的她，讓導演拍案叫絕，現場響起熱烈掌聲。

終於輪到壓軸的阿華，阿華的表達能力很強，一直是劇團的臺柱，導演熱情地鋪陳了一大段前言：「阿華要為我們表演終極無敵、充滿生命力的『樂』！」

大家屏息以待，只見我們的大明星阿華徐徐地走了出來，拿出手帕、大揮衣袖喊著：「夏天到了，好熱、好熱……」

喜憨兒的舞臺演出，都是經過無數學習和排演；希望布幕拉起後，讓愛與幸福永遠循環，也讓憨兒的微笑隨著音樂無限伸展。

好周到

為了協助心智障礙者獨立生活，基金會設立了社區家園，白天憨兒們在各服務據點工作，晚上回到家園，彼此成為一家人，並互相協助。

在這裡，憨兒們必須負責日常生活事務，休閒時可以和室友外出逛街購物，真的就像一個「家」。每個月的家務會議中，大家分別認領各種工作，愛環保的人就選擇垃圾分類工作，而好手藝的人則搶著煮菜。為了維護障礙者的安全，也會有老師在旁提供協助，但僅以「支持」代替「幫忙」，讓憨兒們有更多機會自己動手做。

許多憨兒剛到家園時，難免有些害羞和緊張，不太會與大家互動。小玲剛來時就是如此，做完份內的事後就待在房間裡，平常也不多話。

漸漸地，同學們利用晚餐及休閒時間，找到彼此共同的話題，過程中，老

師才發現，其實小玲是個有想法、有個性的孩子，而且相當有責任心，簡直可說是「里長性格」。

那麼小玲負責什麼工作呢？某次家務會議後，大家一致通過讓她擔任本月小班長。小班長主要負責確認家園環境的秩序，其中包括每月社區適應活動的舉辦、公共空間的整潔維護，還有最重要的──門戶檢查。

這天，工作站的老師來家園拜訪，大家圍著老師熱絡地介紹自己的日常生活，甚至連私人收藏都拿出來了。訪問結束後，小玲亦步亦趨地跟著老師走到門邊，讓老師莫名感動，直嚷著：「小玲，你也太周到了，不用送、不用送！」

只見小玲抓抓頭、苦笑說道：「老師，我不是在送你啦，是要等你走，我才能關門睡覺啊！」

這番直爽的話語，讓老師哭笑不得，但也突顯小玲的負責態度，老師趕緊給她一個大大的擁抱，並為她的進步感到無比欣慰。

憨言
憨語

水桶還是郵筒？

阿文來到小作所已經兩年了，一開始他內向又帶點固執，但如今已經能夠每天抱持愉快的心情上班。這段期間，阿文的能力大幅成長，可以獨自到銀行存錢、換錢，以及去郵局寄信，行員對他也讚賞有加。這一切對阿文來說，是多麼大的轉變。

在新的一年，社工姊姊規劃了許多不同的挑戰，希望為憨兒們帶來更多微笑，以及不同的生活體驗，也讓大家感受到分工合作的重要性。其中一個挑戰是「郵寄季刊」，為了增加臨場感，社工姊姊先嚷著：「季刊雖然準備好了，卻來不及寄出去，這樣捐款的好心人就不能收到我們的感謝了啊！」

同學們一聽也緊張了起來，紛紛詢問有沒有需要幫忙的地方。憨兒們自告奮勇，有人說要負責折頁黏貼，有人要幫忙裁剪地址條，還有貼上郵票和

信封袋，最後算好數量，分批放入郵政袋中。

頓時社工姊姊多了一群小幫手，小作所形成一個小型的生產線，工作過程中大家互相督促和叮嚀：「你要黏好啦！」「速度好慢唷！」一時好不熱鬧。

原本堆疊成山的季刊在孩子們手中迅速裝好袋，一群人開心地歡呼著：「沒想到我們動作那麼快！」大家互相肯定彼此的能力，社工姊姊也趁這個機會，與大家說明寄送流程，而且因為阿文可以獨立作業，特別請他充當小老師。

阿文上臺後，很有自信地說著：「寄信要分平信或掛號，如果是平信，要寫郵遞區號喔，郵差伯伯會比較容易分類和寄送。」邊說還邊推眼鏡，一副專家的模樣。

「接著呢？」社工姊姊鼓勵阿文繼續說。

阿文拍拍胸脯：「接著，就把信放進路口的綠色『水桶』寄出去囉！」

冰箱包的粽子?!

彬彬有一張稚氣的臉龐，以及一雙像彎月般的眼睛，口裡常說他喜歡上班，賺來的錢全都要給媽媽。

從事現在的工作之前，彬彬在一家養護型機構服務長達十年之久，然而，一年多前該機構歇業，彬彬只能待在家中。某個機緣之下，彬彬接受了喜憨兒基金會的就業服務。

就業服務，簡單說就是幫憨兒找工作，每次媒合前，都會先探詢孩子的意願，例如，「平常喜歡做什麼事？」「有沒有什麼厲害的專長？」這天老師想趁著用餐時的輕鬆氣氛，來和彬彬聊聊，看著他思考半天不出聲，老師跟著緊張了起來，擔心是自己的提問太複雜。

好一會兒後，彬彬的肩膀微微地扳正、腰挺了起來，接著興奮地說：「媽

媽常說，我打掃很厲害！」於是，老師針對他現有的能力與整體就業生態進行分析，協助彬彬找到科技園區的外圍清潔工作。

彬彬沒有正式的工作經驗，但是他認真學習，每天提早抵達工作地點，比別人更加勤奮；即使有上班坐錯車的經驗，也不輕易退縮，而面對他人不友善的行為，彬彬仍以笑容面對。不同於剛開始的生澀，現在彬彬已經相當俐落，讓主管與同事都十分讚賞。

漸漸地，彬彬也學會表達自己的喜好及需求，並且為自己安排班表，把握休假時間做自己喜歡的事。在多方與外界接觸中，他最大的轉變是學會熱情分享。

端午節前一天，彬彬一早就到辦公室，氣喘吁吁地說著：「老師早安，媽媽說包粽子是一件很『搞工』的事，叫我帶一些來請大家吃，大家就不用忙了。」邊說邊搖晃手裡拎著的一大串粽子。

這時同事們開心地圍了上來，老師也笑嘻嘻地問：「謝謝你的分享喔，這些粽子是媽媽包的嗎？」彬彬抓抓頭說：「都是冰箱包的喔！」

明天星期幾？

憨言
憨語

一提起憨兒寶貝們，總有説不完的故事。班上成員從 20 餘歲的少女到 40 多歲的老大哥都有，無論他們的生理年齡是幾歲，心理年齡都一直保持在 forever young 的狀態。

一向大嗓門的安姑娘，平日很愛抄寫歌詞或佛經，經常沉浸在想像世界中，她總不吝於分享自己那脱離現實的想法。去年老師幫她設定「降低説話音量」的學習目標時，曾一度擔心無法達標。

最近安姑娘有了長足的進步，只需稍稍提示，就知道要輕聲細語，愈來愈像個淑女了。老師常和她開玩笑説：「若能再減肥一下，就更美了。」這也是她急於實現的目標。

殷勤助人的小予最資深，她來到這裡已將近 20 年，堪稱元老級學員。正因

如此，她了解並熟悉班上每天的作息活動，常常自告奮勇熱心指導同儕，是老師的小幫手。只是有時因為她太過急躁，而忘記留給同儕一些表現機會與空間，偶爾會引起小糾紛，經過老師指導後，小予也學著與同儕一起通力合作、和睦共處。

那天，老師打算帶著同學們一起寫行事曆，記錄一週的活動安排，也希望透過討論，讓大家學習規劃自己的生活。原本老師只預想到需要針對活動內容來說明，正向大家解釋：「我們從明天 8 月 1 日星期四開始討論喔。」沒想到小予和安姑娘首先發難……

小予說：「老師不對喔，你昨天說『明天是星期三』，你說錯了吧！」

安姑娘笑著拍拍老師的肩：「沒關係，好在我們都記得，明天星期三，要記得啊。」

長時間與憨兒相處下來，不難發現大多數的憨兒想法都很簡單，因為直線型的思路，讓他們常常被困在迴圈裡繞不出去，但也會引發像這樣有趣的小故事呢！

指針快點合起來

「老師，菜要怎麼切？」負責團膳的小敏認真地問著老師。

在這裡，大家每天的工作就是準備高雄三個社區化作業設施、近 70 人份的午餐。每一項看似簡單的作業，像是協助備料，其實都要花上好長一段時間反覆練習，並給予適當的提示與輔助，帶領憨兒學習。

從認識蔬菜種類開始：這是菠菜、那是芹菜，青蔥和蒜苗最難分了；接著學習挑菜：太粗的菜梗要先去除，葉面泛黃的也要挑揀出來，為烹煮後的口感與賣相把關。

而洗菜事關健康，不僅是防蟲、更要把農藥沖洗乾淨，每個細節都不能馬虎，還有削皮、切菜、秤重、收拾等作業。許多障礙者在家裡幾乎沒拿過刀鏟，但透過團膳組的作業規劃，讓他們有機會接觸到不同的領域。

由於午餐對憨兒來說可是意義非凡，所以能夠擔任團膳服務的人員，一定是當月表現最好的員工，畢竟在辛苦付出後，每天午餐能夠吃著自己切或洗的菜，就會充滿無比的成就感，吃起來也特別美味！

此外，負責分裝餐點的憨兒也是午餐時段的要角。在老師的精準安排下，大夥兒總能在 12 點準時將餐食配送到各個服務據點，每當提著大鍋大勺的憨兒推開玻璃門、走進作業所時，總會得到最熱烈的掌聲歡呼，大家一擁而上，負責人員彷彿變身為超級英雄。

某天接近中午時，大家正忙著收拾工作桌，準備「迎接」午餐英雄的到來，老師瞥見小珍和小恭認真地盯著牆上，感到好奇便詢問：「你們在看什麼啊？不準備吃飯嗎？」

只見兩個寶貝指著時鐘、熱情比劃著：「老師，我們觀察很久了，只要等這兩根合起來，就可以吃飯了喔！」

要不要一起去？

憨言憨語

在小作所裡，工作訓練並非服務的全部，更重要的是工作態度的養成，在友善的環境裡模擬就業氛圍，讓孩子熟悉工作的節奏。

老師規劃在每個生活情境中，讓憨兒學習與人互動的禮儀，例如，練習排隊並把「請、謝謝、對不起」放在心中，以便適時應用。畢竟不是每位障礙者都能被人一眼識出，老師們也不希望憨兒有特權，所以總是盡量協助他們適應社會規範，一旦走入社會時，才能與這個世界和平共存。

然而，簡單的禮貌對於障礙者來說，並不是件容易的事。比方說，每次進行社區適應活動時，同學們總會太過興奮、嘰嘰喳喳地說話，打擾到一旁的遊客，有時急著上廁所就插隊、想看表演就往前擠，諸如此類。

有時，當好心的朋友從旁協助，同學們也不知道該如何表達謝意，所以社

工老師決定從日常開始，將禮貌的因子埋進孩子們的心田，希望透過潛移默化，融入到大家的生活中。

「喜憨兒禮貌月」就這樣開始了！老師設定了許多情境，從工作時夥伴為自己遞上面紙，乃至一起完成作業，鼓勵大家把感謝表現出來。而不小心踩到同學的腳要趕緊獻上關心、表達歉意；回家時麻煩父母看聯絡簿，也要將「請」字掛在嘴邊，讓憨兒們明白凡事不是理所當然，此刻的便利生活是大家一起努力而來，應該心存感謝。

不過，「請、謝謝、對不起」的友愛三步曲，有時不見得適用於老師設想的情境中啊！一天大家正忙著出貨，老師看見小恩拉著重重的推車，馬上幫小恩開門，也想測試他是否熟悉互動禮儀。

正當老師興沖沖地問：「小恩，現在你應該說什麼呢？」

只見小恩一本正經地回答：「呃……老師，要一起去嗎？」

拔雜草，我最厲害！

園藝有助於身體的復健、精神的安撫，更可以是一種生命教育。照顧植物的過程中，會一直感受到生命的變化。發嫩芽、長新葉、花開、花落，生生不息，而憨兒們看到植物在細心照顧下順利開花結果，心中總會有莫名的悸動；也因為有個生命需要呵護，無形中也增加憨兒對自我的肯定。

喜憨兒綠野門市是庭院餐廳，前方有一塊綠油油的大草皮，園藝老師教導學員們種了許多花草。阿銘身為其中一員，每天就像裝了滿格電池般，永遠精力充沛、一刻都靜不來。

阿銘告訴教保員他最喜歡的水果是番茄，至此開啟了一段奇幻的番茄之旅。從購買種子、育苗、移盆、搭支架、授粉到採收，全交由他一手包辦。

每天早上，阿銘都會幫番茄蓋上防蟲網，他記得老師交待如此才能防止果

實被鳥兒吃掉；起風了，會主動把支架綁得更堅固，以免被風吹倒。日子一天天過去，阿銘的園地逐漸成為憨兒們的打卡聖地。

「哇！長出番茄了！」憨兒們熱絡地搶著「問候」每顆番茄，甚至為它們取了名字，還圍著老師七嘴八舌地問：「可以採了嗎？」因為阿銘的成功經驗，許多憨兒也主動規劃起自己的栽種計畫，開疆闢土打造幸福的「憨喜農場」。

在這漫長的旅程中，必須克服許多困難，但也發生不少趣事。某天，阿銘在園裡揮汗作業，老師前去關心，只聽見他說：「老師，我在拔雜草喔！」

老師嚇得一陣驚呼，原來阿銘和夥伴小慧一個勁地拔除所有「非我同類」的植物，把剛冒芽的九層塔瞬間剷平了！

看著汗涔涔還有些得意的憨兒寶貝，老師苦笑說道：「沒關係、沒關係，我們再重新種喔，下次要認清楚，別再拔掉了，我還等著做青醬義大利麵給大家吃呢！」

Part 3
Let's Go！用愛接駁向前走

專注、堅定，踩著專注的步伐，
我們很努力，走在愛與勇氣的道路上。

老師，你不熱嗎？

憨言憨語

喜憨兒的交通訓練會因為個人能力不同，導致訓練期程有所差異，為了確保憨兒的安全，陪同訓練後，仍會進行個案追蹤，其實就是「跟蹤」啦！老師們通常會加以偽裝，避免被憨兒認出，然後偷偷跟著他們到公車站牌。這次，要「跟蹤」的目標就是小勳。

中度智能障礙的小勳，常熱情地敘述生活上的趣事，也很關心別人；看到同學臉上長痘痘，就會熱心提醒：「要多洗臉喔！」而夥伴外出時，他會大聲問候：「出門要小心喔！」

但小勳也常常「破梗」，有一次大家為老師準備驚喜的生日派對，彼此互相叮嚀不能說漏嘴，沒想到老師一進辦公室，小勳就用賊賊的口吻說道：「呵呵，老師，你千萬不要打開冰箱喔，那裡有生日蛋糕不能讓你看到！」直爽又調皮的小勳，自然成為大家的開心果。

小勳的工作能力相當不錯，這個夏天，老師決定讓他到庇護工場裡學習烘焙，不僅能夠賺取較高的薪資，也是邁入競爭型職場的前哨站。雖然小勳的工作意願挺高的，不過他的家人各自忙於工作，無法分身協助他通勤。

其實小勳的交通路線並不複雜，只要從家裡走 5 分鐘到公車站牌，搭乘一段公車，再下車徒步走 10 分鐘即可。剛開始進行交通訓練時，小勳因為沒有獨自搭乘大眾運輸工具的經驗，顯得缺乏自信；走路時頭總是低低的，向公車招手或按鈴，不是太早就是太晚，也讓他更加依賴老師的陪伴。

老師看出小勳愛撒嬌的性格，與小勳的媽媽商量後，決定暗中觀察他的搭車狀況，趁機鍛鍊他獨立的能力。

十一月的高雄依舊豔陽高照，老師為了不被小勳認出來，從外套、棒球帽、太陽眼鏡加上口罩，配件一應俱全，對自己的喬裝技術十分滿意。

早已滿身汗的老師，無視旁人的異樣眼光，躡手躡腳地躲在人群後，沒想到小勳一個轉身，一如往常地和老師大聲打招呼：「老師早安啊，你感冒嗎？幹嘛穿那麼多！」

都是悠遊卡的錯

「早安，姊姊。」阿榮有個奇妙的堅持，每天一早進到工坊，必定會一個一個點名問候。

剛開始接觸阿榮時，他話少、也不太和人互動，其實是因為阿榮對環境的不安全感，加上父母用心呵護，讓他像是生活在城堡裡的王子一樣，鮮少有外在刺激；即使來工坊上班，仍是由爸爸負責接送。

社工老師進行家訪時，阿榮的父母才吐露了內心的擔憂，擔心當自己年老時，阿榮是否能獨立生活、好好照顧自己。

於是，老師與家長商量後，決定讓阿榮參加「讓愛接駁，微笑憨行」的交通訓練，幫助他從交通自立開始學習。對阿榮來說，已經習慣通勤時有家人陪伴，而這個習慣即將被翻轉。

就在首次訓練的隔天，阿榮心情浮躁，用手指著掛在欄杆上的悠遊卡，說：「都是它的錯啦！」

還好大家一起鼓勵阿榮，只要一有進步便給予稱讚，漸漸削弱他的不安全感，並建立起自信，加深挑戰的決心。

這天社工老師一如往常地陪阿榮等公車，同時與他媽媽討論訓練狀況。因為不放心，老師不時關注在前方排隊的阿榮，只見他跨坐在椅子上，一邊揉眼睛、望向車子行駛的方向，一邊吃著媽媽準備的早餐。

四周的車水馬龍似乎沒有造成阿榮的困擾，直到公車接近站牌，他高舉右手，起身後走上公車，動作行雲流水、顯得從容，自立生活彷彿就在眼前。然而，這一切的美好被遠方傳來的淒厲叫聲劃破：「等等，站住啦！阿榮，等等啦！」

原來阿榮坐錯車了，但是他能夠與排隊的乘客和平共處，偶爾還會與鄰座奶奶帶的小狗玩耍；父母曾擔心阿榮因為不自在而表現自閉，不曉得何時開始已不再如此。由衷地恭喜阿榮征服這趟冒險旅程，未來成功自行搭車指日可待，相信他一定能走出自己的人生。

停不進去好可憐

小尹有多年在社區工作的經驗，離職後，他來到喜憨兒基金會尋求就業服務。對話中社工老師了解到，多年來小尹都是無照駕駛，雖然也曾努力應考，卻總是無法通過筆試，久而久之便自暴自棄了。

小尹搔搔頭、有點不好意思地說，他當然知道無照駕駛是違法的，但考試頻頻挫敗，讓他失去嘗試的勇氣。社工老師向小尹提議：「要不要再試著考考看，姊姊可以陪你一起準備？」小尹一開始有點猶豫，最後還是勇敢地點頭答應了。

在那之後的一個月，每週二到三次的練習時間中，不論晴雨，小尹從不缺席，拎著一個小筆袋，蹦蹦跳跳地來辦公室寫題目，並且認真聽著社工老師的說明。憨兒們受限於認知理解的障礙，複雜的句子及抽象的符號概念，亟需陪伴者加以說明、簡化，好幫助他們理解及記憶。

考試的日子終於來臨了，社工老師特別排開工作，陪著小尹來到監理站，可惜小尹因為太過緊張，而以 2.5 分之差飲恨。不過，兩週後小尹捲土重來，不負眾望地達到及格標準，順利考取機車駕照，現場歡聲雷動。

自從小尹考到駕照後，開始與老師合作，將經驗分享給學弟、學妹們，假日總載著媽媽出去走走，臉上也多了笑容。小尹除了擔任考照種子教官，同時也肩負交通小義工的責任。

有趣的是，一天在餐廳門外，有位客人賣力地想將機車停整齊，左移右擺就是搞不定，小尹站在旁邊，一副很想幫忙的樣子，只是突然想不到合適的詞語，急忙走向前說：「停不進去，可憐喔……嘖嘖嘖，要不要我幫忙啊？」

看見每一位憨兒的獨特與需求，抱持與他們一同成長的決心，這是基金會提供服務的信念。陪伴小尹考照的過程中，他的純真及毅力鼓舞了大家，也讓我們共同體驗了人生中的每一個可能。

老師，我保護你！

教保老師與憨兒相處的時間很長，不論是就業訓練或生活照顧，彼此就像家人一般，分享生命中的重要時刻。

比方說，上個月的超級好日子，憨兒們一起參加教保老師的婚禮，為了這個特別的邀約，大家無不慎重其事，每天都在討論：「卡片要寫些什麼？」「要如何把自己打扮得漂漂亮亮？」就是為了給老師最大的祝福。

又有一次家園遷移，老師號召全班同學帶著油漆和掃具前去幫忙，大家揮汗如雨，把家園整理得井井有條，之後還舉辦熱鬧的入厝活動。對老師與憨兒來說，你好我才好，每一份參與和祝福也更有意義。

前陣子小陳老師出了車禍，大家的擔心不在話下。剛出院時，小陳老師拄著枴杖一跛一跛地踏進辦公室，同學們搶著當小幫手，又是倒水、又是跑

腿，幾個大男生還信誓旦旦地說要成立護衛隊，守護老師的健康。

雖然腳受傷，小陳老師仍不忘與憨兒們的約定，帶著大家進行社區適應活動──前往科工館看展覽。

這一天同學們特別乖巧，出發前仔細聽著活動需知，小玫甚至做了筆記，大夥兒也互相提醒：「水壺帶了沒？帽子帶了沒？」一路上有秩序地魚貫前進，連原本愛脫隊的阿義都非常配合，還不時回頭查看老師需不需要幫忙。

下了公車，科工館就在眼前，小陳老師殿後，正準備過馬路時，不料一輛車疾駛而來，只見阿義一個箭步跑向前，一把將老師往後拉，口中直嚷著：「老師小心，我保護你！」雖然老師差點跌倒，不過憨兒的驚人之舉讓老師既驚訝又感動。

其實憨兒是很貼心的，也許動作不夠俐落、力道拿捏不準，不過那顆純真的心始終如一。原來，我們的憨兒寶貝不再只能接受照顧，在不知不覺中也能肩負照顧別人的責任，成為可靠的生命夥伴。

好想要買計程車

小薇面對陌生人時，總是容易害羞、也很被動，視力不好的她戴著厚厚的眼鏡，但對於自己的工作品質十分要求與挑剔。那可愛又渾圓的身軀，使她汗水經常如雨珠般不停地順著臉龐流下。作業中，不時用媽媽特別準備的手帕，擦了又擦，看見這樣的情景，不免替她感到心疼與欣慰。

除了工作訓練，我們更希望能讓服務對象體驗完整的人生，因此規劃許多休閒活動。某天，教保老師打算讓大家「學習閱讀」，用心地為憨兒們準備風格各異的圖書，從雜誌、繪本、漫畫、圖鑑，到中國四大名著《西遊記》都有，整間工坊就像是一個小型的圖書館，霎時書香四溢，大家都「文青」了起來。

透過閱讀，老師們可以從旁觀察每位同學的性格與興趣，並以此做為未來服務計畫的參考指標。那麼同學們都看什麼書呢？

小琪拎著旅遊書不放，還請老師教她怎麼買機票，她說想去日本、法國，也想去南極看企鵝；阿華直愣愣地翻著貝多芬的生平故事，看不出來是喜歡貝多芬狂野的髮型，還是崇拜他的音樂實力。

小薇和阿志則顯得有點焦急，專注地研究轎車圖鑑，口中念念有詞。老師好奇地走向前問：「咦，在找什麼啊？你們對車子有興趣嗎？」

兩位寶貝頭也沒抬，持續翻著書說：「這裡沒有我們想要的！」

老師靈機一動拿了組蠟筆，鼓勵小薇和阿志直接畫出來。只見憨兒們認真地拼湊腦海中的畫面，幾分鐘過去，小薇暢快地舉手說到：「老師，我們完成了，這是我們想要買的那種車。」

小薇頭頭是道地解釋：「老師，你知道我很會流汗，所以車子要有冷氣，我也看不太清楚，所以還有要司機，加上小薇最喜歡黃色了……」

原來小薇要買的，是那種黃色、有冷氣，還有司機的──計程車啦！

悠遊卡也要冰?!

小玉自高中畢業後,上下班都是由爸媽負責接送,獨自搭乘捷運至定點,對她來說是不敢想像的情景。

透過「讓愛接駁」的交通訓練,社工老師及志工幫助小玉了解乘車過程中,會遇到的各項關卡:刷卡進出站、記住起訖站名、辨識方向等。小玉告訴老師,其實自己十分緊張,每天都很早就起床準備,希望趕快熟悉上下班路線,才能減輕爸媽的負擔。

經過近一個月的陪伴與訓練,小玉面對到站的站名,仍然只會以眼神或微笑反應,卻不見她起身下車,而老師總在一旁乾著急。

如果不給予提示,他們師生倆就會一路搭到終點站,然後一圈一圈地繞著,這時小玉也不會覺得奇怪,或是主動尋求協助;但是,總不能讓她掛著牌

子，告知其他乘客「到○○站請叫我下車」，這樣未免太突兀了。

於是，社工老師與捷運的「引導服務」連結，請站務人員協助提醒，也可以順道觀察小玉的上下車狀況，讓安全更有保障。

經過兩個月的嘗試與訓練，在社工老師、志工、站務人員的通力合作下，小玉總算能獨立搭車通勤，不用再依賴爸媽接送，雖然訓練過程辛苦，但如此一來，便有效地擴大了她的生活圈，假日還可以和同伴一起逛逛街，這樣的收穫是甜美的。

有趣的是，之後小玉來上班時，都會在冰箱旁磨蹭好一陣子，老師靠近關心後，才發現她把吃不完的水果和悠遊卡仔細裝到袋子裡，一起放到冷藏室。

正當老師疑惑，小玉卻心滿意足地回頭跟老師說：「媽媽說，水果吃不完要快點冰起來，我想悠遊卡『嗶』不完，也要快點放冰箱。怎麼樣，我很聰明吧！」

咦，我有拉好啊！

憨兒們每一趟外出，都有看不完的風景、學不完的事情。今年大家一起訂出的年度目標是：每個月出訪一個捷運能抵達的景點，從橋頭到西子灣，高雄的憨兒們真可謂走遍大江南北，大開眼界。

當然，並非每次搭捷運都是去玩耍，許多時候是有「正經事」要辦。這天，參與支持性就業媒合的小頂，與老師約在捷運站口，準備前往就業博覽會參觀；小頂一身整齊衣著，看來十分重視這次機會。

等車時，小頂在一旁仔細讀著資料，有包裝作業員、清潔人員、服務人員……，全都是他沒做過的工作。就業輔導老師陪小頂搭了幾站，以緩和他緊張的心情，心想也許還能幫他複習一下面試技巧。

即使這次博覽會的規模不大，老師還是希望小頂嘗試看看，一來累積面試

經驗，更重要的是，這是練習走出社會的第一步。看著車箱裡擠滿了人潮，小頂滿臉憂慮地問：「大家會不會都是去找工作？」

即使男孩的心情起伏，看到老奶奶上了車，仍記得起身讓座；不曉得是否因為有心事，小頂沒握住手拉環，東搖西晃，眼睛望向窗外，嘴裡念念有詞。老師擔心他站不穩，拍拍他的肩膀善意提醒：「嘿，你不拉好，等一下會跌倒喔！」

小頂彷彿觸電般被拉回現實，害羞地盯著褲子看，接著鬆了口氣跟老師說：「哈哈，我有拉好啦，嚇死我了！」

這個社會給予身心障礙者的同情太多，機會卻太少，其實他們和普通人沒什麼兩樣，只要是人都有缺陷。只不過，我們的社會往往強調障礙者先天上的限制，而不是他們也有無限的可能。

憨兒們需要的是公平對待而不是特權，就像小頂即使因輕度腦麻無法久站，搭捷運時仍然主動讓座，也積極參與每次的面試機會。相信只要勇敢，交通與距離都不是問題，只要心中有愛，便會不斷成長。

老師是飛毛腿

高雄的中正社區作業設施位於辦公大樓內,憨兒們每天上班時,只要看到電梯門一開,也不管有沒有人在排隊,就一股腦兒往裡頭擠,如此「積極」上班,老師固然感動,不過真是苦了同棟樓的上班族。

於是,老師們自發性地提早上班,站在電梯口當起電梯小姐(少爺),就為了和大家說:「早安,要排隊喔!」同時指導憨兒們搭乘電梯的規範及禮儀。

其中進步最多的就是小雅,個性有些急躁的她,總愛搶先擠到電梯前,細究原因後才發現,因為小雅家在一樓,很少有機會搭電梯,根本沒人提醒過她「先來後到」的禮儀。

透過這次學習,小雅學會若正巧站在電梯按鈕前,要禮貌地詢問:「請問

要到幾樓？」看到有人想趕上電梯，也會主動按住「開」鈕，然後大聲提醒對方：「不用跑喔，我幫你按住了，不用擔心！」這樣的體貼對老師來說，是意料之外的驚喜，也宣告這次的訓練順利達陣。

有一次，喜憨兒童軍團要前往偏鄉國小進行生命教育，因為隨車物品太多，老師請憨兒們分兩批搭電梯。「我會、我會！」憨兒們各個自告奮勇地說能帶隊搭電梯，老師再三叮嚀，要大家在中庭集合等待。

十分鐘後，老師準備完成，一邊悠閒地哼著歌，一邊讚嘆童軍團的每個人都長大了，反饋社會的一天指日可待。沒想到按了電梯後，便看到一群人在電梯裡，還笑著向老師揮手打招呼。

原來是大家太興奮了，進了電梯只顧著複習要和小朋友分享的自我介紹，沒有一個人記得要按樓層，憨兒阿茂還笑呵呵地說：「咦，老師，你怎麼比我們還快啊？飛毛腿吼你！」

基金會裡的每個憨兒雖然不是那麼聰明伶俐，但也不會投機取巧，而是默默地貫徹被教導的規矩，需要的只是大家有耐心地反覆提醒，並且給予時間讓他們慢慢練習，自然會慢慢進步。

Part 4
Dreams Come True！
夢想萬花筒

振翅飛翔，彩色的想像，彩色的希望，
用愛揮灑，屬於憨兒的美麗希望。

Dream

我的生日願望

小鈴上班時打扮得中規中矩，一身乾淨的工作服，清湯掛麵的臉上，戴著一副厚實的大眼鏡，卻掩蓋不了她迷人的笑容。

相當關注潮流的她，私底下會搖身一變成為時尚達人：合身的牛仔套裝，加上帥氣花背包，還綁上亮晶晶的髮飾；最近在妹妹的訓練下，她也學會使用隱形眼鏡，散發出來的自信與自在，讓這份時尚感更加渾然天成。

漸漸地，小鈴也成為大家的穿搭顧問，工作閒暇時，常看到一群女孩圍著她，開心地討論著看電影要穿什麼、尾牙表演要綁什麼髮型等，雖然小鈴聽力有些受損，口語表達不是那麼流暢，卻十分樂於分享，這種平易近人的個性，讓她深受同儕歡迎。

在工作上，小鈴從不懈怠。對她來說，要大聲且清楚地向客人介紹菜單是

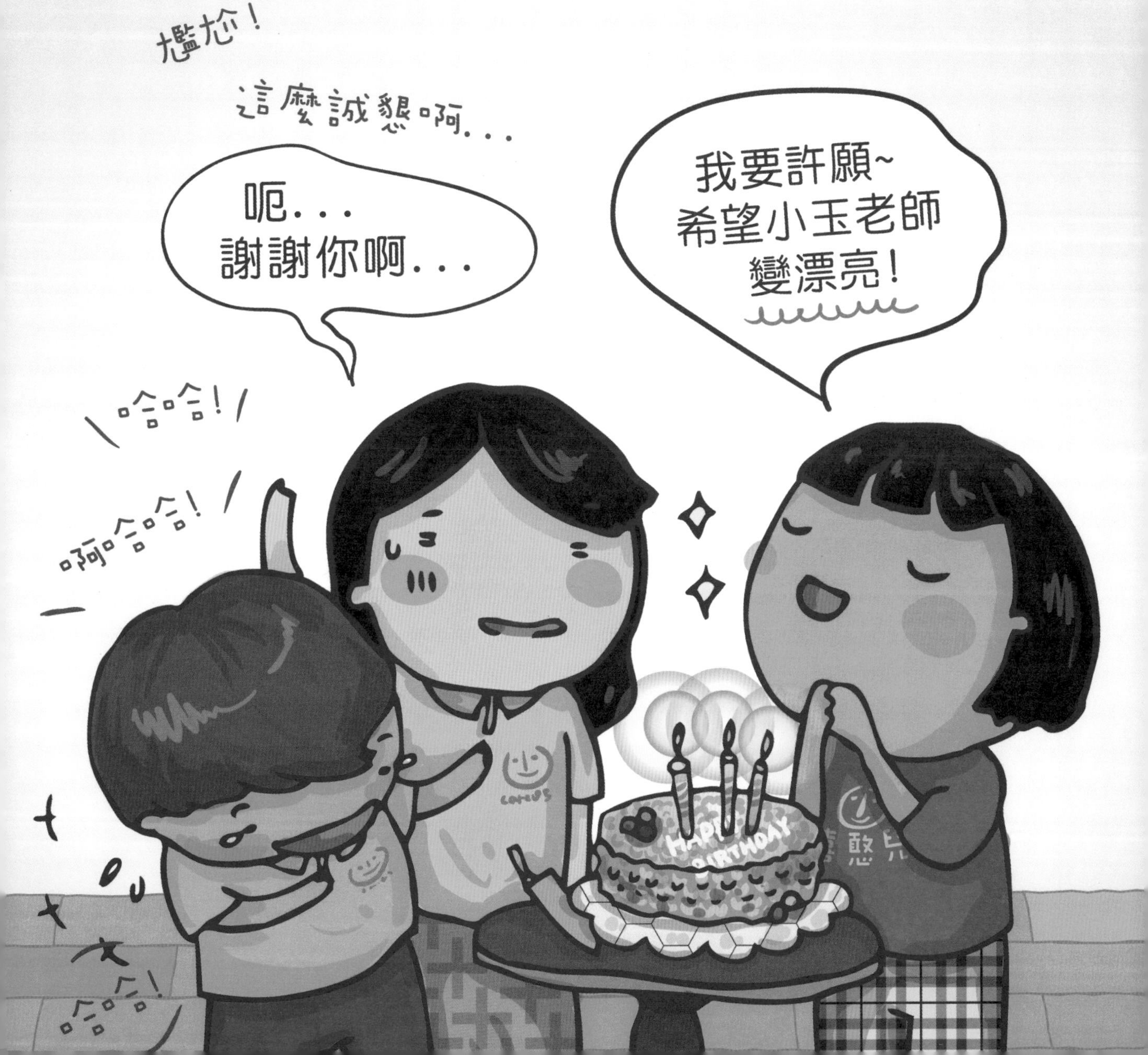
我要許願~
希望小玉老師
變漂亮！
呃...
謝謝你啊...
這麼誠懇啊...
尷尬！
哈哈！
啊哈哈！
哈哈！

件困難的事，但她會一字一句地練習，然後一邊說給社工老師聽；若有需要別人幫忙時，便會請客人稍等一下，尋求同伴協助。而自己擅長的清潔陳列工作，小鈴也不吝惜與同儕分享「撇步」，大夥兒就像兄弟姊妹般一起成長。

馬上就是小鈴的生日，今年小鈴和老師商量，想用儲蓄的獎勵金買蛋糕，邀請喜憨兒作業所的朋友們一起慶生。於是，老師帶著她逐步完成慶生會的籌辦，從蛋糕挑選、親手設計並寄出邀請卡，甚至規劃了大明星的 Dress Code。

令人期待的一天來臨了，小志穿著夏威夷花襯衫、阿朱向媽媽借了亮晶晶的項鍊、大明則戴上帥氣的墨鏡⋯⋯，人人都變成自己心目中的大明星。

大家蜂擁而上，紛紛遞上卡片和禮物給小鈴，接著燈光一暗，《生日快樂歌》響起，由閨密阿珍小心翼翼地端出蛋糕，在熱烈的氣氛中，大家起鬨要小鈴說出生日願望。

這時小鈴一本正經地宣布，要將自己的願望送給她最喜歡的小玉老師，老師還來不及感動，只見小鈴示意要大家安靜，煞有介事地合掌許願：「我希望⋯⋯小玉老師能變漂亮！」

鉛筆盒要裝什麼？

社區照顧中心的主要任務，在於提供生活技能的訓練，目的是為了讓憨兒們能獨立處理和完成日常事務。

因此，社區照顧中心提供的，並非只是單純的「照顧」服務。對於接受社區照顧中心服務的憨兒們來說，雖然作業能力不及社區日間作業設施的學員，或是庇護工場的員工，但不代表他們什麼都不能做，只能被動地接受別人的照顧。

教保老師花了很長的時間來訓練憨兒獨立，只要家長能放心讓孩子走自己的路，最後會發現不僅是孩子因為學習而改變，家長也能從孩子的改變中獲得學習。

小文的媽媽告訴老師，在小文接受基金會的服務之前，自己對小文的要求

非常嚴格，再加上媽媽本身的個性很急躁，所以只要小文一有不對，就會馬上糾正她，甚至處罰她。所以，那時候的母女關係非常緊繃，小文的情緒常常不穩定，也感到不快樂，對自己沒有什麼自信。

直到小文來照顧中心後，小文的媽媽才從教保老師身上，學習到如何對待孩子；媽媽開始試著改變自己，包括放慢步伐、用溝通代替責罵、放寬等待孩子的時間，以及耐心聆聽孩子訴說理由。不知道從什麼時候開始，小文的臉上多了笑容，更勇於表達自己的意見，甚至還會開起玩笑呢。

這天，為了準備中秋烤肉活動，老師特別帶著憨兒們去大賣場，每個學員都有自己的任務，買肉的買肉、找炭火的找炭火，但小文卻一直在文具區裡打轉，然後拿起一個粉紅色鉛筆盒說：「買這個！」

因為小文並沒有識字能力、也不會拿筆，老師只好發出俏皮的提問，打算讓她知難而退：「你買這個，打算裝什麼啊？」

沒想到小文甩甩頭髮，接著暢快地回答：「裝……裝可愛啊！」

擦子還是叉子？

每當門市客人蜂擁而至、忙得不可開交時，小果臉上不但不會顯現出緊張與疲憊感，反而開心地笑著說：「今天好開心，服務了好多人」。

記得小果剛來到餐廳工作時，因為說話發音不明確、理解力也不足，與他溝通總需要反覆澄清和確認語意，這樣一來一往，讓小果有些懊惱和卻步，甚至不願意主動與別人交談。

在門市服務的過程中，若有客人詢問餐點或其他相關問題，即使小果知道答案，也不會直接回應對方，反而是迅速跑開，趕忙拉著教保老師來幫忙回答。

教保老師及社工發現後，便及時提供協助，例如，在工作閒暇之餘，幫助小果反覆練習餐點名稱的正確發音，提供紙本輔具或適時給予口語提醒等，

讓他能順利完成收送餐點的服務，工作時更加得心應手。

雖然不擅長溝通，但小果認真與體貼的個性，反應在服務的細節之中。比方說，他看到推著娃娃車的客人，就會為他們安排在離出菜口遠一點的位置；小朋友不會使用筷子，便立即遞上小叉子。

這樣的細心，讓小果經常獲得客人的正向回饋及讚美，加上同儕間互動頻率增加後，小果的自信心一點一滴地茁壯了。漸漸地，他不再害怕說話，也願意開口表達自己的想法。

這天，老師利用餐期結束的空檔，為大家準備了鉛筆和「擦子」，希望透過書寫，加強憨兒們對於菜單及工作流程的熟悉度。沒想到小果一個恍神，聽漏了老師的交待，立刻箭步跑向廚櫃，從中抓了一把「叉子」，開心地高舉著說：「我有『叉子』喔，大家可以跟我拿！」

現在，除了基本的服務用語外，小果已經會主動問候客人：「有吃飽嗎？」讓喜憨兒臺南站增添了不少人情味。期許小果持續將主動關心他人的這份熱情，透過服務客人或社區互動散播到社會中，溫暖更多人。

請你大聲「叫」

心智障礙只是生命裡一部分的缺憾，憨兒們和大家一樣需要愛與被愛，也希望能傳遞這份愛與歡樂。每到十二月，老師們總會規劃聖誕派對活動，一方面單純表達祝福，另一方面則對於經常在社區中支持我們的大小朋友，表達感謝之意。

天氣再寒冷也趕不走大家心中的喜悅，這天是家園的憨兒們最期待的聖誕夜。小穎說，要在晚上的聖誕活動中，當個有禮貌的主人，招待好朋友們；阿祥則跟在他身後，微笑著說可以見到好朋友了。

「叮叮噹！叮叮噹！」耳邊響起輕快的聖誕歌，大家吃著美味的披薩，你一言我一語地聊天。結束用餐後，今晚的重頭戲「尋寶競賽」就要開始了！

只見憨兒們各自拿著手電筒，瘋狂地尋找提示圖卡。阿玲拔得頭籌，先在

客廳抽屜裡找到第一張卡片，開心地大笑著；小穎也在沙發旁找到一張卡片，擺出神氣的模樣；阿衛則在書櫃中發現圖卡。

在緊張刺激的氣氛下，Ａ組同學率先達陣，猜出正確答案就是「聖誕老公公」。然後，大家便用力呼喚著神祕嘉賓──真人版的聖誕老公公準備登場，憨兒們各個興奮不已。

老師特地點名了平日最愛尖叫的小安，請他用熱情的尖叫聲迎接嘉賓，老師提醒小安：「等一下要你『大聲叫』的時候，你就叫喔！」小安帶著自信接下了任務，認真地等候老師的提示。

「歡迎聖誕老公公，大聲叫！」老師一說完，可愛的小安卯足全力，大聲喊出：「叫……」就這樣持續了三十秒，讓老師忍不住捧腹大笑，但是這般精神抖擻的「叫」聲，成功地炒熱氣氛，

聖誕節總是瀰漫著歡樂氣氛，聖誕老公公的「梗」也永遠玩不膩，不曉得有沒有人發現每次聖誕老公公出現時，阿華老師總是不見人影，你知道的，就和超人一樣喔！

畫得不夠圓

老師們常會互相提醒，除了工作訓練之外，也不能忽略障礙者在休閒娛樂方面的活動安排。我們經常可以在憨兒身上察覺許多生活中遺失的美好，諸如對音樂、律動、藝術等與生俱來的喜好與表現，小雅就是其中一個例子。

受限於小雅本身的障礙程度與表達能力，即使是身為主要照顧者的教保老師，也無法次次都準確無誤地解讀她想表達的內容，但可以實實在在地感受到小雅正用自己的方式，傳達對於周遭的情感。

小雅非常喜歡塗塗抹抹，總是選用單一媒材和單一顏色，創作出無法辨識的塗鴉，或許對她來說，光是這簡單的動作就足以讓自己感到愉快。不過，這次教保老師請小雅繪製卡片時，她卻有了截然不同的表現。

小雅審慎地選擇顏色，一筆一筆畫出輪廓，這些輪廓線在紙上彷彿自然成形，只見她緩慢卻順手地描繪出一個個可愛的雛形，接著細心上色，不時更換蠟筆，口中還說著「禮物」二字。

「小雅、小雅，這是誰？你在畫誰？」大家七嘴八舌地發問，好奇這到底是誰的倩影。然而，小雅還沒畫完呢，她似乎對於畫中人物的臉龐不甚滿意，一直叨唸著：「不夠圓，我覺得還不夠圓！」

最後答案揭曉，原來是阿足老師。小雅補充說道：「我最喜歡阿足老師了！人好好喔！」

本來因為「臉圓」而哭笑不得的阿足老師，頓時被這句體貼窩心的讚美融化了，像是領了大獎似的，向大家炫耀了起來。這下子大夥兒才不管形象，你一言我一語地接著說：「這是我吧！和我的福氣臉比較像喔！」

看到小雅不受拘束的純真創意，力求在畫中如實描摹的認真態度，才能呈現出豐富繽紛的用色與生動的人物形象，這份為了老師而畫的心意，著實讓人感動。

把「衣服」穿好

夏天時，憨兒們提出課外休閒活動想去游泳。運動是身心障礙者復健訓練的重要一環，同時結合了娛樂性和競爭性，在生理上可以增強肌力、耐力、速度、協調性與姿勢的控制能力，也能強化心血管功能、減少退化及併發症的發生，而且還能加強人際互動，好處相當多。

不過，游泳需要注意的事項也不少，首先，為了安全必須詢問家長，學員們是否曾參與相關活動，並確認他們的身體狀況，還得多申請一些救生員。另外，志工朋友們也是重要的人力，大家齊心才能看顧學員的安全。

到了游泳課當天，大家快速地換上泳衣、排好隊伍，抱著期待的心情做暖身操，動動手啊動動腳，彎彎腰啊轉轉頭，下水儀式準備開始！

全員分成兩小隊：蛟龍小隊與旱鴨小隊，從名稱就能看出游泳實力。身為

旱鴨小隊的一員，小熊只敢在池邊用手摸摸水，硬是不踏入池中。教練開玩笑地說道：「森林裡的小熊都很會抓魚，你要加油喔！」

持續了將近一個月的一對一教學，小熊總算和許多旱鴨小隊的學員一樣，能夠漂浮、踢水及打水前進。蛟龍小隊甚至可以在教練協助下，自在地游著自由式、仰式，大家都愛上了這一門課。

每次游泳課結束時，大家總是捨不得離開清涼的池水，常常看到幾位老師在岸上大喊：「快點上來梳洗啦，不然我們會搭不到公車喔！」更衣室裡也不時傳出催促聲：「快點把衣服穿好，才不會著涼……」

憨兒們都很聽話，只是不懂得舉一反三，經常一絲不苟地執行老師的指令，只見小熊馬上換好「衣服」，下半身還穿著濕漉漉的泳褲就跑去集合。不一會兒，小熊發現不對勁，才羞紅了臉，讓老師又好氣又好笑。

看到學員們如此投入與開心，即使每次游泳課時，老師和志工必須全體動員，但是大家都心甘情願地陪著憨兒在池畔邊，累積屬於他們的夏日回憶。

老師你好棒！

許多家長帶孩子外出活動時，都會盡其所能地讓孩子吸收新知，而老師當然也是如此。

「哇！好大的恐龍喔！」那天老師帶著一群憨兒參觀恐龍展，貼心的主辦單位特別安排了導覽，幫助憨兒們更容易認識這些已絕跡的生物。

對憨兒來說，所謂的遠古時期、毛髮組織、骨骼結構可能都太過深奧，但大家還是認真參與，跟隨著導覽姊姊的講解步調，每聽完一段介紹，就會異口同聲地讚嘆：「哇！好厲害啊！」逗得導覽姊姊開心地誇獎我們是最好的聽眾。

因為大家太熱情了，加上現場人潮絡繹不絕，隊伍拉得好長，前排的學員拉著導覽姊姊問東問西，後排的憨兒卻怎麼都擠不進去。老師一邊擔心憨

兒脫隊，一邊張大耳朵聽清楚說明，然後傳遞給第二排的學員。

隨著指標，隊伍一路來到暴龍展區，小安突然聯想起之前看過的電影，不曉得是害怕還是驚訝，他緊緊拉著老師的手不放，然後張大了嘴發出「喔」的聲音。

另一位恐龍迷老師，大概覺得自己責無旁貸，趕忙走上前來，二話不說就開始分享：「暴龍又名霸王龍、君王暴龍或雷克斯暴龍，是一種巨型的肉食性恐龍，身長約 13 公尺，體重約 6.8 公噸。我們上次有去看電影啊，你還記得嗎？……」

正當老師口沫橫飛地解說，心想一定要窮盡畢生所學、傾囊相授，這時小安忽然轉頭、拍拍老師的肩膀，微笑著說：「嗯嗯，老師你很棒喔，你說的都正確！」

除了這個有趣的插曲，本次的參觀活動也為學員們留下深刻的回憶，不論是有獎徵答時，大家踴躍舉手回答，或是有秩序地排隊拍照留念，雖然耗費了不少體力，但大家都相當盡興。這場考古之旅，也成為學員們單純的人生中，豐富而美麗的一頁。

什麼歌？阿兵哥！

「老師，下次休閒活動是什麼時候？」「老師，下次休閒活動要去哪裡？」
憨兒們總是期待著每次的休閒活動。

因為明白憨兒們除了工作，也會有休閒和人際的需求，基金會過去曾舉辦
過健行、保齡球、賞花、露營、電影欣賞等活動，好讓憨兒放鬆筋骨、調
節身心，擁有不一樣的體驗。

經由大家投票後，以壓倒性的票數決定本月要到社區KTV舉行「歡唱日」。
活動內容確定之後，接著就輪到輔導老師接手，負責場地接洽，以及動線
的設計與安排。

原本老師以為社區裡有這麼多間KTV，應該會是個簡單任務，怎知經過幾
天的聯絡與洽談，才發現事情並不如預想般順利，最大的主因在於，每人

所需的歡唱費實在太高了。

總算在窮途末路之際，聯繫到一家愛心企業，除了願意以極優惠的價格供憨兒現場歡唱，還準備了豐富的佳餚、水果等，並且活動結束前，更獻上一個大蛋糕為當月壽星慶生，讓此行的社區適應休閒活動，除了歡樂之外，更增添幾分溫馨。

這次活動中，我們才發現原來臺語歌對同學們有著莫名的吸引力，從《惜別的海岸》、《愛拚才會贏》到《港都夜雨》，超復古的歌單，搭配葉啟田式的華麗出場，以及不知從哪學到的甩肩和抖音，都讓現場所有師生笑得合不攏嘴。

活動結束後，大家仍意猶未盡，回到工作站還熱絡地討論著誰的歌聲深藏不露，誰都只點不唱，而誰又被調皮的同學卡歌了……。於是，一位當天無法參與活動的老師，眼看氣氛正好，也想加入討論，趕緊拿起麥克風，大方地開放點歌：「來來來，你們想聽什麼歌，老師是屏東大歌神咧！」

大夥兒一下子沒反應過來，只見小華熱情地舉手說：「我我我，我要聽『阿兵哥』！」

Part 5
Happy Day！健康快樂每一天

刷牙、漱口，一天的開始，
我會好好照顧自己，我是喜憨兒。

果然是高手

憨言憨語

「你們覺得幾歲可以被稱為老人呢?」在志工參訪時,社工老師提出這個問題。現場許多朋友舉手回答:「60 歲? 65 歲?」

只見老師搖搖手說:「一般人在 35 歲仍是青壯年,但憨兒因為特殊的生理限制,在相同年紀已出現老化問題,關節不靈光、血壓不穩定,甚至糖尿病也隨之而來。因此,我們每年都會安排憨兒接受免費健康檢查,希望及早發現問題並即時處理。」

這次的健康檢查,憨兒們當天起了個大早,在老師率領下,近百位憨兒一起出動,大夥兒排著隊等候確認身分,接著魚貫地從基礎測量——身高、體重、聽力、視力、驗尿、照 X 光等,一路來到「大魔王關」抽血終點站。

為了順利進行,每個關卡都安排了兩位志工與老師,好控制住不時出現的

慘叫和逃跑，而護理人員也快狠準地完成每項檢測。

眼看輪到小霆量身高了，小霆最喜歡看《灌籃高手》了，特別崇拜「大高個赤木」一躍而起的帥氣，所以對於身高一直有莫名的堅持。小霆覺得只要乖乖喝牛奶就能長高，如果測量後，數字沒有增加，就會整天悶悶不樂，因此老師也高度戒備。

只見小霆胸有成竹地站上測量臺，接著大家一陣驚呼：「哇，真的長高很多耶！」

不對啊，定睛一看，原來這小子不曉得穿了幾層襪子，根本成了隱藏版的厚底鞋。護士和老師一邊苦笑、一邊請他褪去超過十層的「機關」，最後他才原形畢露，這樣的小聰明，還真是不得不讓人佩服。

有一位憨兒家長曾說：「憨兒是永遠的孩子，養不大就老了。」憨兒們因為既有的障礙必須長期服藥，容易因為藥物的副作用，產生如腸胃潰瘍、肌肉疼痛、骨質疏鬆等續發性的健康問題，也會面臨與一般人相同的疾病，讓父母心疼不已。雖然憨兒的生活充滿歡笑，但隨著歲月飛逝，雙老風暴襲來，仍然需要更多朋友的關注與支持。

誰的臉最圓？

「嘿咻嘿咻，九樓快到囉，加油！」午後的樓梯間充滿喘氣聲和加油聲，一群人有秩序地揮汗往上爬，這可不是搬家公司定期的體能訓練，也不是大樓登階大賽，而是中正站學員每天中午例行的爬階運動。

基金會的幾個社區化作業設施，因位處辦公大樓，受限於環境，所規劃的作業活動多半以室內為主，如代工、縫紉、烘焙、包裝等，憨兒們多數時間都坐在位置上，長期缺乏運動，加上大家胃口又好，結果身材就開始橫向發展，個個都成了標準的「圓柱民」。

許多憨兒的體檢報告都是滿江紅，社工老師與合作的醫療單位討論後，驚覺此風不可長，所以發起午後運動，鼓勵學員們午睡起床後，盡可能讓自己動一動。一來可以抖擻精神，二來也能消耗卡路里，不但享瘦也享健康。

起初學員們個個意興闌珊，運動時間一到能拖就拖，有人尿遁、有人喊渴，塞滿廁所和茶水間。這一切逃不出社工老師的法眼，好說歹說，連拖帶拉，最終大家還是乖乖參加了。

「習慣成自然」的法則也在此得到印證，現在學員們午休過後，便會呼朋引伴一起運動，並且彼此鼓勵，身體一旦健康，心情也就跟著開朗。

小隆和阿哲過去就愛打鬧比較，現在則是看誰爬樓梯爬得快，還會拉著大家當裁判。不過，今天的競賽有些奇怪，爬完樓梯後，只看到他們倆鼓起臉頰，在比較誰的臉圓，還要同班學員評評理。

阿芬號稱是最公平的天秤座，她仔細地觀察評估，眼見兩個男孩勢均力敵，讓她有些為難，這時老師正好路過，阿芬開心地大叫：「我覺得老師的臉最圓喔！」

喜憨兒就和小孩一樣，他們直白的用詞並無惡意，雖然偶爾也讓人招架不住，還好老師們早已練就一身好功夫，反而是看到運動讓憨兒充滿活力與生氣，忍不住替大家開心呢。

一天吃幾次？

黃色小燈泡在眼前亮晃，耳邊傳來器械吱吱作響的聲音，大多數人想到這場景就不敢看牙醫了。牙齒是一生健康的保障，因此，基金會每年一定會為憨兒們安排兩次口腔健康檢查。

這一天在老師的帶領下，憨兒們兩兩牽著手，有秩序地跟著老師的步伐，準備前往牙醫診所。路途中，不曾聽他們抱怨天氣熱，可能有些緊張吧，一路上彼此之間也鮮少交談。

醫師細心地替大家檢查，過程中還提到憨兒最常見的是牙齦發炎，原因是刷牙不夠確實，導致細菌聚集在牙面和牙齦邊緣，造成牙齒周圍組織被破壞，只有學習正確的刷牙方法，以及養成使用牙線的習慣，才能一勞永逸。

除了幾位學員要治療牙齦，因為小豪的智齒蛀得很嚴重，所以必須拔除。

123

踏進診間前，小豪的緊張不在話下，幾位好兄弟還在外頭幫他加油打氣，醫師忍不住笑著說：「又不是上戰場，不要擔心啦，給我十分鐘就搞定。」

當小豪躺在診療椅上，戴著白色口罩的牙醫彷彿隱藏著神祕的表情，說道：「來，張開嘴巴。」小豪便小心翼翼地張開，任憑金屬器械在口中上上下下操作著，醫師果然快速完成治療。

接下來的護理也相當重要，為了讓小豪學會自我照顧，所以老師希望由醫師直接與小豪溝通。老師對小豪有信心乃是其來有自，因為憨兒並非什麼都不懂，有時還精明得很，像是只要說到吃，絕對沒有人算得比小豪清楚。

於是，醫師先和小豪說明冰敷的時機，再反覆叮嚀吃藥的頻率：「每次吃完飯後和睡覺前都要吃一包藥喔，小豪你 OK 嗎？那麼，一天總共要吃幾次呢？」

小豪歪著頭數算著，很有自信地伸出手掌：「五次。」小豪得意的神情與醫生慌張的求助表情，頓時成了對比，原本在一旁很有信心的老師差點跌倒，趕忙提醒小豪：「下午的點心時間不能算啦！」

我的眼睛有「反光」

今天是視力檢查的日子，上班時小孫興奮地説著：「今天要檢查視力，老師你會跟我們一起去吧？」阿誠在旁邊開心地附和：「一起去、一起去！」唯有阿祥躲在角落搖頭説：「麥啦（不要）……」

阿祥很早就有視力模糊的問題，在作業中，總得瞇起眼睛才能完成任務，但他一直很怕檢查，擔心如果看不清楚，就得像哥哥那樣，戴上厚厚的眼鏡，打籃球或游泳都很不方便。雖然教保老師不斷為阿祥做心理建設，但他還是希望這天別來臨。

下午三點，在大家半拖半哄之下，阿祥才被簇擁著出發。進入診所後，阿祥一直換位置，試圖拖延「行刑」的時間，還不時在門縫間偷看夥伴們檢查的狀況。只見大家在診間歡樂地玩耍，愛耍寶的乾乾還戴著測試眼鏡跳妞妞舞，開心喊著：「老師你長痘痘耶，我看得很清楚喔！」

最後輪到阿祥了，在夥伴們的鼓勵下，阿祥勇敢地走進診間，氣氛似乎沒有想像中凝重。殊不知驗光時，阿祥開始緊閉雙眼，也無法聽從醫師的指示來回應。

教保老師猜到會發生這種狀況，好在前一天先來了解狀況，並做了驗光體驗，馬上從旁協助：「阿祥看望遠鏡喔，有沒有看到裡面的大樹？有沒有很清楚啊？還有紅色圈圈，你比給老師看看。」

檢查順利完成，阿祥鬆了一口氣，跳下驗光座位，笑顏逐開，好像剛剛什麼事都沒發生，醫師大笑、摸摸阿祥的頭說：「好小子真有你的！」

回到工作站時，阿祥化身學長，與下一梯次的學員說明心得，還誇口說自己一點都不害怕，同組的小意關心問道：「所以你的眼睛還好嗎？」

阿祥仰天長嘯說：「沒事、沒事，醫生說目前還不用戴眼鏡，而且我的眼睛有『反光』耶！」

看著逞英雄的阿祥，老師在一旁默默吐出：「大哥，是閃光吧！」

把「體重」借我

在憨兒的生命裡，超過半數的時間都在學習，不管是盛一碗飯、搭一趟車、學一首歌，從生活自理到情緒表達，好多事都還來不及熟練，身體機能退化就提早報到。

因此，基金會特地成立了專業的健康中心，由職能治療師與物理治療師聯手協助，為憨兒們個別規劃體適能活動，透過每週一次的課程，大家可以學會健康飲食，也開始喜愛運動，並為自己立下目標，追求更健康的身體。

憨兒們的障礙程度各有不同，像小剛是腦性麻痺個案，但他時常保有燦爛的笑容，而且好奇心旺盛，總是以「觸摸」探索著新事物。

為了強化小剛的營養與吸收，每道餐點都要秤重記錄，碎食後再配合他的吞嚥節奏，逐口餵食。雖然用餐時多了許多道程序，而且一對一協助得花費一

小時，但看到小剛一天天健壯起來，老師們早就將這些辛苦拋到腦後。

經過幾次入班觀察與評估後發現，小剛具有成長及訓練的空間，因此，老師們決定從用餐開始幫他調整。首先，鼓勵小剛拿湯匙吃飯，並在餐碗下增加盤子與止滑墊，避免餐碗位移或食物掉落，並由老師親手帶著他，重複挖飯菜到送入口的動作。現在，小剛除了挖飯菜仍需要稍微協助，已經能夠準確地將湯匙和食物放入口中。

值得一提的是，小剛的餐食分開秤重這道程序，讓學員們好奇不已，紛紛自告奮勇想幫忙，但老師不希望耽誤其他同學用餐的節奏，便婉拒大家的好意。

有一次，阿田快速扒完午餐，趕緊跑到備餐室，可惜還是慢了一步，老師早已準備好小剛的餐食。看到阿田有些失望的表情，老師於心不忍，安慰道：「你要不要去找一些東西來秤，老師教你怎麼用電子秤。」

不料，阿田大大的眼睛轉動著，突然對著正在收拾碗盤的老師問道：「老師，你『體重』借我啦，我也想秤一下。」

一起來運動

最近小玉在門市服務時，教保老師陸續發現她有搖晃或跌倒的情形，是太累了嗎？還是身體有什麼狀況呢？

而且這似乎影響到她的工作表現，因為送餐時，小玉必須專注地不讓飲料灑出來，所以無法顧及客人的詢問。

看到小玉有點挫折，老師也很煩惱，與基金會健康中心的治療師及體適能教練進行專案評估後，大家決定透過陪伴小玉的一日行程，從旁觀察女孩的作業情況，並仔細記錄。原來，因為生理退化與工作強度問題，讓小玉有些適應不良，所以安排她參加融合體適能的職能活動。

在體能提升方面，小玉特別喜歡跑步機，總是一跑就停不下來，跑步不僅讓她覺得暢快，也比較不疲倦了。但是，在精細動作的訓練中，小玉就吃

足苦頭，像是串珠子這類的動作，需要專注與細膩，讓她不得不哀號：「我的手指頭都打結了……」

職能活動的安排看似平凡，但是透過不同的組合方式，就能營造出各種模擬情境，經過兩個月的訓練，小玉無論在自我照顧及工作品質上，都有長足的進步。有了小玉的成功案例，老師們也信心大增，陸續有更多憨兒加入活動。

某日，正當大家起勁地踩著健身車時，關心老師體態的小華，拉著老師一起加入減肥的行列：「老師，你肚子那麼大，要不要一起來運動，才不會一直胖啊！」如此熱情的邀約，讓懷孕八個月的老師翻了一個朝天瞪的大白眼。

許多研究指出，基於家長補償心態、運動條件及個人心理障礙等因素，心智障礙者較少保有充足的活動型態，使得憨兒們在身體協調、動作反應及平衡感上表現較差。為了降低憨兒跌倒的風險、延緩退化速度和增強平衡感，我們每週定期安排運動訓練遊戲，希望每位憨兒都能過得更加健康、更有活力。

洗衣機轉轉轉

每天早上來到工作坊，憨兒寶貝們都會活力十足地大聲說：「老師早安。」以熱情的問候，開啟豐富有趣的一天。

九點一到，老師的手機便響起卡通《波力》的主題曲，原本各忙各的學員立即停下手邊工作，開心地自動排列隊型，等待老師一聲令下，健康晨操就開始了！

憨兒們慎重又興奮的神情，讓做操彷彿成為一種儀式，這也是他們每天最期待的活動之一。老師們常自豪地說：「基金會的孩子什麼都學得會，就是學不會偷懶。」看著他們全心投入在節奏裡，努力增強自身的肢體協調度、關節活動度、肌肉張力、肌力、耐力，每個分解動作都讓人感到精神百倍。

135

特別的是，老師的動作指令總是充滿創意，因為憨兒的認知與一般人不同，無法理解「甩手」和「轉手」有什麼不同，所以老師絞盡腦汁，將空泛的詞句用憨兒熟悉的生活場景來替代，幫助他們理解領悟。

每當老師說：「小蜜蜂嗡嗡嗡……」學員們就會展開雙臂、做出翱翔狀，然後齊聲喊著：「飛到西也飛到東。」

又有一次，老師的動作指令是「洗衣機轉轉轉」，阿真馬上模仿起洗衣機運轉的聲音「轟隆隆！轟隆隆！」手臂也愈轉愈快，都快變成電風扇了。連老師都笑稱：「這臺洗衣機很勇猛喔。」阿真馬上成為同組成員崇拜的對象。

如此活潑生動的比喻，完全擄獲憨兒們的心，光是簡單的健康操，就幫助大家達到身心愉悅的功效。

在工作的空檔，基金會也幫憨兒安排各種活動，像是畫畫、跳舞、閱讀、遊戲、音樂欣賞，希望增加他們對休閒生活的新鮮感及持久度，並從中學習到人與人之間的相處禮儀，每天抱持快樂的心情來作業所，也能讓身邊的人感染到他們天真無邪的笑容和熱情。

冰水不想給我喝

流著鼻水的婷婷正準備裝冰水，立刻被眼尖的老師發現。即使老師苦口婆心地說明，感冒需要多喝熱水好好保養的道理，但是婷婷的理解速度較慢，仍然只是張著大大的眼睛，一臉困惑。

為了加深婷婷的印象，老師想出妙招，說道：「我不想喝冰水、冰水不想給我喝！因為很重要，所以我們唸十遍喔！」接著請婷婷反覆背誦。

真是忍不住佩服教保老師，畢竟憨兒的理解邏輯獨樹一格，要試著讓他們明白各種情況，所有指令都得經由巧思設計。

婷婷的故事只是有趣的番外篇，卻顯現出憨兒自我照顧能力不足的問題。隨著年齡成長，他們的身體逐漸退化，製作麵包的雙手慢慢不靈巧，用湯匙吃飯時，桌上也會掉滿飯粒。

「奇怪，為什麼我的孩子常常不舒服？帶孩子去醫院，到底該怎麼和醫師說明？」成了憨兒家長們心中的疑問。

的確，障礙者因為在溝通及治療上比一般患者困難，成為醫療維護上的挑戰，所以基金會的健康中心結合外部醫療院所，開展更多元的健身與休閒規劃，也設計衛教課程，結合圖文影音及溝通圖卡，提供有效的動作刺激、加強溝通能力、提高認知層次，讓憨兒們學會照顧自己，懂得說明自己的身體狀況。

豐富的課程規劃，讓憨兒們總是期待來到健康中心，每當老師詢問憨兒們：「今天在健康中心學到什麼啊？」大家便會熱情分享。

小志說：「玩好玩的遊戲，很開心喔！」夢夢說：「今天有傳球找卡片。」小練則說：「看到漂亮的老師……」答案完全不設限，也許對於憨兒來說，去健康中心也是一段有趣的放風時間吧！

憨兒的生命品質與笑容值得我們一同守護，多一份關心、多一點對話，用行動關懷憨兒的生活，天真的「憨言憨語」絕對加倍奉還，讓人感受無窮的喜悅。

後記 喜憨兒基金會的美好使命

喜憨兒基金會以心智障礙者的終生照顧和終生教育為努力的目標,除了大眾熟知的烘焙門市與餐廳的工作訓練外,基金會更致力於憨兒的健康生活與安心照顧,我們發現需要、開展服務,陪伴這群天使,呵護他們的笑容,讓每個存在成為最美好的生命。

一心一意的孩子:喜憨兒的工作訓練

喜憨兒基金會深信,心智障礙者只是生命裡有部分殘缺,只要提供完善的支持與訓練,憨兒自食其力將不再是夢想。因此我們建構一個安全的工作場域,由社工人員與業界導師協力輔助憨兒,為多重障礙的孩子簡化複雜的作業流程,透過個別化、差異化的實務訓練及輔具設計,補足他們在職場中所缺欠的能力;同時進行就業媒合與考照課程,讓心智障礙者從「被服務者」成為「服務者」,提升其社會參與的正面價值。

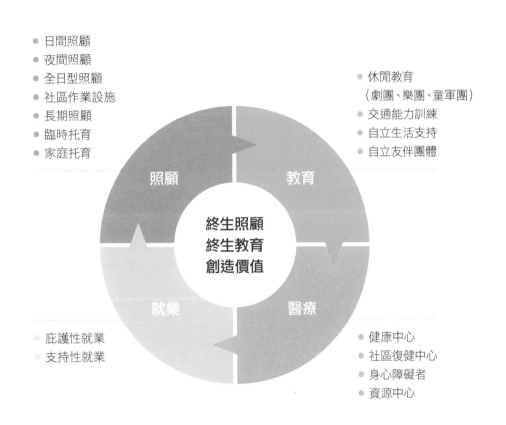

照顧
- 日間照顧
- 夜間照顧
- 全日型照顧
- 社區作業設施
- 長期照顧
- 臨時托育
- 家庭托育

教育
- 休閒教育
  （劇團、樂團、童軍團）
- 交通能力訓練
- 自立生活支持
- 自立友伴團體

就業
- 庇護性就業
- 支持性就業

醫療
- 健康中心
- 社區復健中心
- 身心障礙者
- 資源中心

終生照顧
終生教育
創造價值

喜憨兒基金會服務圖

全心全意的照顧：喜憨兒的安心照顧

臺灣有超過 20 萬個智能及多重障礙的憨兒家庭，因為孩子終生無法言語、無法自立，成為憨兒家庭放心不下的牽掛。有鑑於此，基金會特別整合社工、教保老師及專業護理人員，推動社區化作業設施（小作所）、日間托育、夜間家園、天鵝堡全日型服務、健康中心等服務據點，提供個別化照顧、生活陪伴、營養攝取及特殊輔具的服務，並依據憨兒的不同需求，主動訪視與評估，對憨老家庭（家中有障礙者與高齡者的雙重需求）提供即時的處遇協助，包括法律、服務與資源連結，以更完善的照顧，接替父母呵護的手，讓憨兒用更強韌的內心，活出最美的樣子。

被愛到愛的祝福：喜憨兒送愛到部落

社會大眾對喜憨兒的第一印象，就是會做好吃的麵包，雖然產值不若機械生產快速，品質卻是超出預期的好，希望將大家一直以來的關注與支持化為能量。2008 年底，基金會著手發起「送愛到部落」計畫，從憨兒的手藝出發，邀請社會大眾一起響應，認捐由心智障礙者參與製作、兼具營養與美味的烘焙餐盒，再將完成的麵包和點心送至全臺的偏鄉國小，憨兒除了

可習得一技之長，幫助弱勢兒童，更可用愛來傳遞正面能量，將公益資源做最有效的分配與應用，以豐盛的勇氣與熱忱，向外輻射，擴展到全臺每個角落。

百年樹人的陪伴：喜憨兒的自立生活

工作訓練之餘，基金會更重視憨兒的「全人」發展，因此我們在 1998 年成立「樂團」，2003 年成立「劇團」，並且每年安排大型的公開演出，讓憨兒們透過藝術訓練課程，學習接納自己與走入人群，也可以讓更多朋友欣賞他們在戲劇表演及音樂方面的卓越表現。此外，基金會更進一步推廣「喜憨兒童軍團」、「交通訓練計畫」及「友伴團體」等活動，輔導心智障礙青年在工作之餘，從事正當休閒、增進社會參與，並建立人際關係，彩繪出繽紛的生命。

2AF348

今天也要認真過憨慢生活
喜憨兒的可愛繪日記，幸福也可以這麼簡單！

作者 ⋯⋯ 財團法人喜憨兒社會福利基金會
編輯 ⋯⋯ 曾曉玲
封面設計 ⋯⋯ 韓衣非
內頁設計 ⋯⋯ Copy
行銷企劃 ⋯⋯ 辛政遠、楊惠潔
總編輯 ⋯⋯ 姚蜀芸
副社長 ⋯⋯ 黃錫鉉
總經理 ⋯⋯ 吳濱伶
發行人 ⋯⋯ 何飛鵬
出版 ⋯⋯ 創意市集
發行 ⋯⋯ 城邦文化事業股份有限公司
　　　　歡迎光臨城邦讀書花園　網址：www.cite.com.tw
香港發行所／城邦（香港）出版集團有限公司
　　　　香港灣仔駱克道 193 號東超商業中心 1 樓
　　　　電話：(852) 25086231 傳真：(852) 25789337
　　　　E-mail：hkcite@biznetvigator.com
馬新發行所／城邦 (馬新) 出版集團
　　　　Cite (M) Sdn Bhd 41, Jalan Radin Anum, Bandar Baru Sri Petaling, 57000 Kuala Lumpur, Malaysia.
　　　　電話：(603) 90578822　傳真：(603) 90576622　E-mail：cite@cite.com.my
印刷 ⋯⋯ 凱林彩印股份有限公司
初版一刷 ⋯⋯ 2018 年（民 107）10 月
ISBN ⋯⋯ 978-957-9199-30-8
定價 ⋯⋯ 350 元

客戶服務中心
地址：10483 台北市中山區民生東路二段 141 號 B1
服務電話：（02）2500-7718、（02）2500-7719
服務時間：周一至周五 9：30 ～ 18：00
24 小時傳真專線：（02）2500-1990 ～ 3
E-mail：service@readingclub.com.tw

國家圖書館出版品預行編目 (CIP) 資料

今天也要認真過憨慢生活：喜憨兒的可愛繪日記，幸福也可以這麼簡單！
財團法人喜憨兒社會福利基金會著 . -- 初版 . -- 臺北市：
創意市集出版：城邦文化發行, 民 107.10　面；　公分
ISBN 978-957-9199-30-8（平裝）
1. 喜憨兒社會福利基金會　2. 通俗作品
547.933　107015648